CHANSONS DE GUERRE,

POUR

LES SOLDATS FRANÇAIS,

Au moment de combattre LES ENNEMIS DE LA RÉPUBLIQUE ET DE LA LIBERTÉ;

SUIVIES

DES NOUVELLES MINERVES.

Par le Citoyen NOUGARET.

Dieu fit la liberté, l'homme a fait l'esclavage.
FÉNÉLON, Trag. p. CHÉNIER.

A PARIS,

Chez DEBRAY, Maison de l'Égalité, Numéro 235.

L'AN II DE LA RÉPUBLIQUE FRANÇAISE.

A V I S.

CES Couplets ont été composés avant qu'il fut question de l'Hymne des Marseillois, dont le succès est si prodigieux et si justement mérité. Sans envier la gloire qu'il a acquise, sans me flatter de la partager, je livre à l'impression ces fruits d'un enthousiasme patriotique, persuadé qu'on ne saurait trop multiplier la peinture & l'expression des sentimens, dont seront animés, jusqu'à la mort, les Républicains Français. On le trouve sur-tout, ce violent amour de la Patrie et de la Liberté, dans le coeur de nos Braves Défenseurs, qui versent leur sang pour que nous soyons à jamais libres, et dont les immortels succès prouveront à la postérité, comme se battent les Soldats Républicains contre des Esclaves, vils instrumens des Despotes effrayés.

Nos ennemis eux-mêmes sont forcés de convenir que sans la trahison de quelques-uns de nos Généraux, entr'autres de l'infâme Dumouriez, nous aurions planté l'Arbre de la Liberté, jusqu'aux extrémités de l'Europe.

Le Poète Tyrthée, chez les Grecs, savait

enflammer les Soldats, par ses chants véhé-
mens et belliqueux, du desir de la gloire e
du mépris de la mort.

Je ne me flatte point d'avoir ses talens
sublimes; mais je brûle du desir de voir
renverser tous les trônes des Tyrans, e
j'offre à nos Frères soldats volontaires des
Gardes nationales et des Troupes de ligne,
qui auront le bonheur de se trouver en pré-
sence de l'ennemi, ces Chansons guerrières,
où ils trouveront une partie des nobles sentimens qui les embrâsent. Puissent-ils adopter
le champ martial que je leur présente !

CHANSONS DE GUERRE,

POUR

LES SOLDATS FRANÇAIS,

AU MOMENT DE COMBATTRE L'ENNEMI.

AIR : Aussi-tôt que la lumière vient redorer nos côteaux, &c.

MARCHONS, volons à la gloire,
Écrasons nos ennemis :
On est sûr de la victoire,
Combattant pour son Pays.
Notre belliqueuse armée,
De Citoyens, de Soldats,
Dit à la terre opprimée,
Craignez moins vos Potentats.

Nos chants guerriers retentissent
Jusqu'au bout de l'Univers,
Et tous les Tyrans frémissent,
Malgré leurs complots divers.
Oui, leurs Soldats mércénaires
Vont se réunir à nous ;
Amis, ils seront nos Frères,
Où périront sous nos coups.

Les Soldats de la Patrie
Triomphent dans les combats ;
Écoutons sa voix chérie,
Elle seule arme nos bras.
Et le sang & le carnage
Peuvent-ils combler nos voeux ?
Ciel ! bénis notre courage,
Et les Peuples sont heureux.

Ce n'est plus pour la querelle
D'un Despote ambitieux,
Que dans nos mains étincelle
Un glaive, un fer généreux ;
Nous défendons la Patrie,
L'honneur et l'égalité :
Qu'avec nous chacun s'écrie :
Mourons pour la Liberté.

AUTRE.

AIR : Aussi-tôt que la lumiere vient redorer nos côteaux, &c.

Les Soldats de la Patrie
Vont combattre pour ses Lois ;
Ce n'est plus la tyrannie
Qui fait entendre sa voix.
On nous dressait au carnage,
Tels que de vils animaux ;
D'insolens Chefs, sans courage,
Triomphaient par nos travaux.

Dans ce jour courons défendre
Notre auguste liberté ;
C'est elle qui nous fait prendre
Un glaive, un fer redouté.
Les vertus seules commandent,
Elles parlent à nos coeurs :
Tous les honneurs nous attendent,
Si nous revenons vainqueurs.

Suivez l'exemple que donne
Le Français régénéré,
O vous que du haut d'un trône
Un Tyran mène à son gré !
Soyez nos Amis, nos Frères,
Et chassons de l'Univers
Tous les monstres sanguinaires
Qui chargent l'homme de fers.

AUTRE.

AIR : Aussi-tôt que la lumière vient redorer nos côteaux, &c.

C'EST l'amour de la Patrie
Qui nous a tous faits Soldats ;
Sous sa bannière chérie,
Amis, volons aux combats.
Mais jusqu'au sein de la guerre,
Respectons l'humanité ;
Faisons aimer à la terre
Notre sainte Liberté.

POUR renverser les Despotes,
Ces glaives sont dans nos mains ;
Combattons en Patriotes
Fiers, courageux, mais humains.
Étendons sur la poussière,
Plus d'un Tyran détesté ;
Portons dans chaque chaumière
Le bonheur, la Liberté.

NOS transports, le bruit des armes,
Font tressaillir l'Univers ;
Les Rois seuls ont des alarmes,
Le Peuple a brisé ses fers.
Triomphons, couvrons de gloire
Notre courage exalté ;
Périssons, si la victoire
N'affermit la Liberté.

HYMNE

à

LA LIBERTÉ.

AIR : Aussi-tôt que la lumière vient redorer nos côteaux, &c.

IDOLE des grandes ames,
Leur noble·divinité,
Tu nous brûles de tes flammes,
O divine liberté !
C'est toi seule qui nous guide,
Et tu viens d'armer nos bras
Contre le monstre perfide
Adoré des Potentats.

LE despotisme et son trône
Disparaîtront devant nous ;
La force les environne,
Mais qu'ils tombent sous nos coups.
Le Rhin, le Tage et le Tibre
Arroseront de leurs flots
La terre d'un Peuple libre,
Qui ne voit que des Héros.

PORTONS le glaive et l'olive,
Rendons les Peuples heureux ;
La France long temps captive
Suit un transport généreux.
Tel est ton sublime ouvrage,
Amour de l'Égalité ;
Enflamme notre courage,
Et vive la Liberté !

CHANSON DE GUERRE,

à

NOS FRÈRES D'ARMES.

AIR : Aussi-tôt que la lumière vient redorer nos côteaux, &c.

O braves Compagnons d'armes !
Voyez ces nombreux Soldats,
Que les Tyrans pleins d'alarmes
Font marcher dans les combats ;
Dans leurs projets sanguinaires,
Ils insultent l'Univers,
Égorgent nos Fils, nos Frères,
Et nous préparent des fers.

Ils secondent la vengeance
D'un Despote épouvanté,
Qui frémit de voir la France
Adorer la Liberté :
Nous, Défenseurs magnanimes
De nos plus augustes Lois,
Nous voulons punir les crimes,
Et le fol orgueil des Rois.

Qui mérite la victoire,
Des esclaves ou de nous?
Courons, volons à la gloire,
Qu'ils périssent sous nos coups.
Ne cédons qu'avec la vie,
Le triomphe le plus beau;
Si la France est asservie,
Descendons tous au tombeau.

AUTRE.

AIR : Aussi-tôt que la lumiere vient redorer nos côteaux, &c.

AMIS, c'est pour la Patrie
Que nous fit naître le sort;
Consacrons lui notre vie,
Pour elle affrontons la mort.
A peine, en tremblant, respire
L'esclave au milieu des fers;
Un cœur généreux n'aspire
Qu'à voir libre l'Univers.

QUAND la trompette guerrière
Nous fait voler aux combats,
Qu'ils rentrent dans la poussière,
Les Tyrans et leurs Soldats.
Oui, tous les Peuples vont suivre
Notre exemple glorieux;
Ils rougiraient trop de vivre
Sous un Despote odieux.

LIBERTÉ, Liberté sainte!
Ah! sachons te conquérir,
Pour toi combattre sans crainte,
Te posséder......ou mourir.
Quelle gloire illustre et pure,
Si nous sommes triomphans!
Notre trépas même assure
Le bonheur de nos enfans.

LES
NOUVELLES MINERVES.

AIR : La lumiere la plus pure.

L'ESPRIT aristocratique
Voit avec étonnement
Les grâces s'armer de pique,
Et former un régiment.
Il est tout simple, je pense,
Ce costume singulier :
Minerve avait une lance,
Et briguait plus d'un laurier. (Bis.)

CETTE divine Amazone
Ressuscite de nos jours,
Et le casque et la couronne,
Dont se parent les amours.
A l'exemple de Bellone,
Nos femmes arment leurs bras,
Sans que leur valeur s'étonne
De tous genres de combas. (Bis.)

                   jadis timides,
                   Guerriers ;
                   es Alcides,
                   us lauriers.

Leur ardeur patriotique
Brille dans chaque Cité:
Une redoutable pique
Sert de sceptre à la beauté. (Bis.)

MARCHEZ, braves Amazones,
Et les Français font vainqueurs;
Ne souffrez plus d'autres trônes
Que les gazons et les fleurs.
Défendez votre pays
Par vos bras et par vos charmes;
Attaquez nos ennemis,
Heureux de vous rendre les armes. (Bis.)

www.ingramcontent.com/pod-product-compliance
Lightning Source LLC
LaVergne TN
LVHW010908180726
843502LV00010B/4026